DETEKTIV IM ALTEN GRIECHENLAND

DETEKTIV IM ALTEN GRIECHENLAND

TEXT VON PHILIP ARDAGH
ILLUSTRATIONEN VON COLIN KING

arsEdition

Titel der Originalausgabe: History Detectives – Ancient Greece
Die Originalausgabe ist bei Macmillan Publishers Ltd, London erschienen

Illustration der Bordüren: Sally Taylor

Aus dem Englischen von: Cornelia Panzacchi
Redaktion: Magda-Lia Bloos
Textlektorat: Elke Hesse
Satz: Media and more GmbH, München
Printed in Malaysia

ISBN: 3-7607-4717-5

Die Deutsche Bibliothek - CIP-Einheitsaufnahme

Detektiv im alten Griechenland / Philip Ardagh. Mit Bildern von Colin King.
Aus dem Engl. von Cornelia Panzacchi. - München : Ars-Ed., 2001
Einheitssacht.: History detectives: Ancient Greece <dt.>
ISBN 3-7607-4717-5

Bildquellen
o = oben; u = unten

Deckblatt: British Museum, London/Michael Holford; Titelseite: British Museum, London, British Museum, London/Michael Holford, Ancient Art & Architecture Collection, British Museum, London; 10o: British Museum, London/Michael Holford; 10u: Ancient Art & Architecture Collection; 11o: Kapitolinisches Museum, Rom/E.T. Archive; 11u: Museo Nazionale Archeologico, Neapel/E.T. Archive; 13o: Dr. S. Coyne/ Ancient Art & Architecture Collection; 13 u: Roy Rainford/Robert Harding Picture Library; 15: Louvre, Paris/Erich Lessing/AKG, London; 17: British Museum/Michael Holford; 19o&u: Ancient Art & Architecture Collection; 21o&u: Ancient Art & Architecture Collection; 23o: British Museum/London; 23u: Ancient Art & Architecture Collection; 25o&u: Ancient Art & Architecture Collection; 27o: Michael Holford; 27u: Ancient Art & Architecture Collection; 29o&u: Michael Holford; 31o: Robert Harding Picture Library; 31u: Ancient Art & Architecture Collection; 33o: Ancient Art & Architecture Collection; 33u: Scala; 35o: Hirmer Archiv; 35u: Ancient Art & Architecture Collection; 37o&u: British Museum, London; 38o&u: AKG, London; 40o&u: Ancient Art & Architecture Collection; 41o: Ancient Art & Architecture Collection; 41u: Michael Holford; 42: Roy Rainford/Robert Harding Picture Library; Ancient Art & Architecture Collection; 43: Ancient Art & Architecture Collection, Michael Holford.

INHALT

ANTIKES GRIECHENLAND

Das antike Griechenland war kein geeinter Staat, sondern setzte sich aus einer Anzahl von Staaten mit eigenen Gesetzen zusammen, die auf dem Festland und auf den Inseln lagen. Manchmal kämpften sie gemeinsam gegen Feinde, doch meistens waren sie untereinander zerstritten.

DIE ERSTEN GRIECHEN

Die ersten Griechen lebten vor ungefähr 40 000 Jahren, aber erst vor etwa 8000 Jahren begann man in Griechenland, Anbau zu betreiben. Die älteste griechische Zivilisation entstand auf der Insel Kreta. Dort herrschte zwischen 2200 v. Chr. und 1450 v. Chr. die Minoische Kultur. Die Kultur von Mykene auf dem Festland erlebte ihre Blütezeit zwischen 1600 v. Chr. und 1100 v. Chr.

DUNKLE JAHRHUNDERTE

In der Zeit zwischen 1100 v. Chr. und 800 v. Chr. scheinen viele Errungenschaften früherer Kulturen verloren gegangen zu sein. Wir besitzen aus dieser Periode keinerlei Dokumente, aus denen wir etwas über sie erfahren könnten. Mykene ging unter, doch wir wissen nicht, warum.

Die Griechen schrieben ihren Göttern übermenschliche Eigenschaften zu.

Viele Hänge sind mit Olivenbäumen bewachsen.

Auf Vasen sind Alltagsszenen abgebildet.

DIE ARCHAIK

Die nächste Epoche in der griechischen Geschichte wird als Archaik bezeichnet, eine Zeit des Wohlstands und kulturellen Aufschwungs. In diesen 300 Jahren (um 800–500 v. Chr.) bildeten sich die griechischen Stadtstaaten, *poleis* genannt, heraus: Athen, Sparta, Theben, Korinth, Argos und andere. Gleichzeitig wurden in Spanien, Syrien und der Türkei Hunderte griechischer Kolonien und Handelsposten gegründet. In Italien und auf Sizilien waren sie so zahlreich, dass die Region »Großgriechenland« genannt wurde.

KLASSIK UND HELLENISMUS

Die Klassik (480–336 v. Chr.) wird häufig als das »Goldene Zeitalter« der griechischen Antike gepriesen. Herrliche Städte und Tempel entstanden ebenso wie vieles, das wir als typisch für das alte Griechenland ansehen. Wirtschaft, Kunst und Wissenschaften blühten, und das trotz des Krieges zwischen Athen und Sparta, der 27 Jahre dauerte. Später gründete der Makedonier Alexander der Große ein riesiges Reich, zu dem auch Griechenland und seine Kolonien gehörten. Die Periode zwischen 336 v. Chr. und 30 v. Chr. nennt man Hellenismus. Ab 146 n. Chr. gerieten die Griechen unter die Herrschaft der Römer und Griechenland wurde Teil des Römischen Reichs.

ANTIKER ALLTAG

Diese Homerbüste ist ein Werk künstlerischer Fantasie. Sie entstand lange nach der Epoche, in der Homer gelebt haben soll. Homer seinerseits dachte sich Gedichte zu einem Krieg aus, der 400 Jahre davor stattgefunden haben soll.

Ein römischer Legionär schickt sich an, Archimedes zu töten, der als Einwohner der Stadt Syrakus auf Sizilien offiziell als Feind Roms galt. Der Mord soll gegen den Willen von Marcellus, dem verantwortlichen römischen Offizier, erfolgt sein.

BERÜHMTE NAMEN

Große Teile unseres Wissens über das frühe antike Griechenland verdanken wir dem Dichter Homer. In seinen beiden Heldengedichten »Ilias« und »Odyssee« berichtet er über Ereignisse des Trojanischen Kriegs (siehe Seiten 38/39). Aber es ist schwer zu sagen, ob seine Berichte Wahrheit, Dichtung oder eine Mischung aus beidem sind. Auch über Homer selbst wissen wir im Grunde nur wenig. Er soll im 9. Jh. v. Chr. gelebt haben und blind gewesen sein. Er trug seine Gedichte vor; sie wurden mündlich überliefert und erst Jahrhunderte später aufgeschrieben.

ERFINDUNGEN

Wesentlich mehr wissen wir über den Erfinder, Mathematiker und Astronomen Archimedes (um 287–212 v. Chr.), um den sich allerdings auch viele Legenden ranken. Er soll riesige Spiegel konstruiert haben, die Sonnenstrahlen auf feindliche Schiffe lenkten, sodass diese verbrannten. Außerdem soll er auch Kräne mit Greifern gebaut haben, die Schiffe von Feinden aus dem Wasser hoben. Am bekanntesten ist wohl, dass er einmal mit dem Schrei »Heureka!« (»Ich hab es!«) aus dem Badewasser sprang, weil er ein wichtiges physikalisches Gesetz entdeckt hatte.

GROSSE DENKER

Aus dem antiken Griechenland sind viele große Philosophen hervorgegangen, u. a. Sokrates und Platon. Sokrates (um 469–399 v. Chr.) kam aus Athen. In einer Zeit, in der die meisten Gelehrten ihre Ideen niederschrieben, zog Sokrates es vor, sie

vorzutragen und sie mit seinen Schülern zu diskutieren. Doch seine Ideen missfielen der Regierung von Athen, die ihn dazu verurteilte, durch das Austrinken eines Giftbechers zu sterben.
Platon (um 429–347 v. Chr.) war einer seiner Schüler gewesen und floh nach Sokrates' Tod aus Athen. Später kehrte er zurück und schrieb »Die Apologie« als Antwort auf Kritiken an Sokrates' Ideen. Platon gründete eine später weltberühmte Schule, die Akademie, in der seine Ideen noch lange nach seinem Tod gelehrt wurden.

GESCHICHTSBUCH

Thukydides (um 460–369 v. Chr.) wird als erster Historiker bezeichnet. Seine Geschichte des 27 Jahre dauernden Peloponnesischen Kriegs zwischen Athen und Sparta wird als erstes richtiges Geschichtsbuch angesehen.

ALEXANDER DER GROSSE

Alexander der Große (356–323 v. Chr.) schrieb nicht über Schlachten, sondern schlug sie. Sein Vater, König Philipp von Makedonien – der die griechischen Staaten und Kolonien erobert hatte –, wurde ermordet, als Alexander erst 20 Jahre alt war. Viele dachten, er sei noch zu jung für den Thron, doch sie irrten sich. Alexander war ein genialer Feldherr und verwegener Krieger. Er eroberte das Reich des persischen Königs Darius III. und schuf das bis dahin größte Weltreich. Alexander starb als 33-Jähriger – und als Beherrscher der gesamten den alten Griechen bekannten Welt.

ANTIKER ALLTAG

Platons Akademie wurde auf Befehl des römischen Kaisers Justinian im Jahre 529 n. Chr. geschlossen. Als Griechenland Teil des Römischen Reichs wurde, übernahmen die Römer zahlreiche griechische Ideen und Errungenschaften. Justinian aber war Christ und fand, Platons Lehren seien mit dem Christentum nicht vereinbar.

Die Stadt Alexandria in Ägypten wurde von Alexander dem Großen gegründet. Das Mosaik unten stellt Alexander in der Schlacht gegen Darius III. dar.

DIE STADT ATHEN

Athen – benannt nach der Göttin Athene – war der größte aller *poleis* oder Stadtstaaten der Archaik. Die Stadt entwickelte sich aus einer Siedlung, die auf einem Felsenberg entstanden und deshalb gut zu verteidigen gewesen war. Sie war eine *akropolis*: eine »Oberstadt«. Später standen in der Akropolis nur noch Tempel und die eigentliche Stadt breitete sich unterhalb des Bergs aus. Das erschwerte jedoch ihre Verteidigung. 480 v. Chr. wurde sie von Persern zerstört. Die Perser konnten ein Jahr danach wieder vertrieben werden und bald ließ ein Staatsmann namens Perikles Athen wiederaufbauen. Es wurde größer und schöner als zuvor. Perikles starb als Opfer einer Seuche, die die Stadt später befiel. Gegen Ende der klassischen Epoche lebten in und um Athen eine Viertelmillion Menschen.

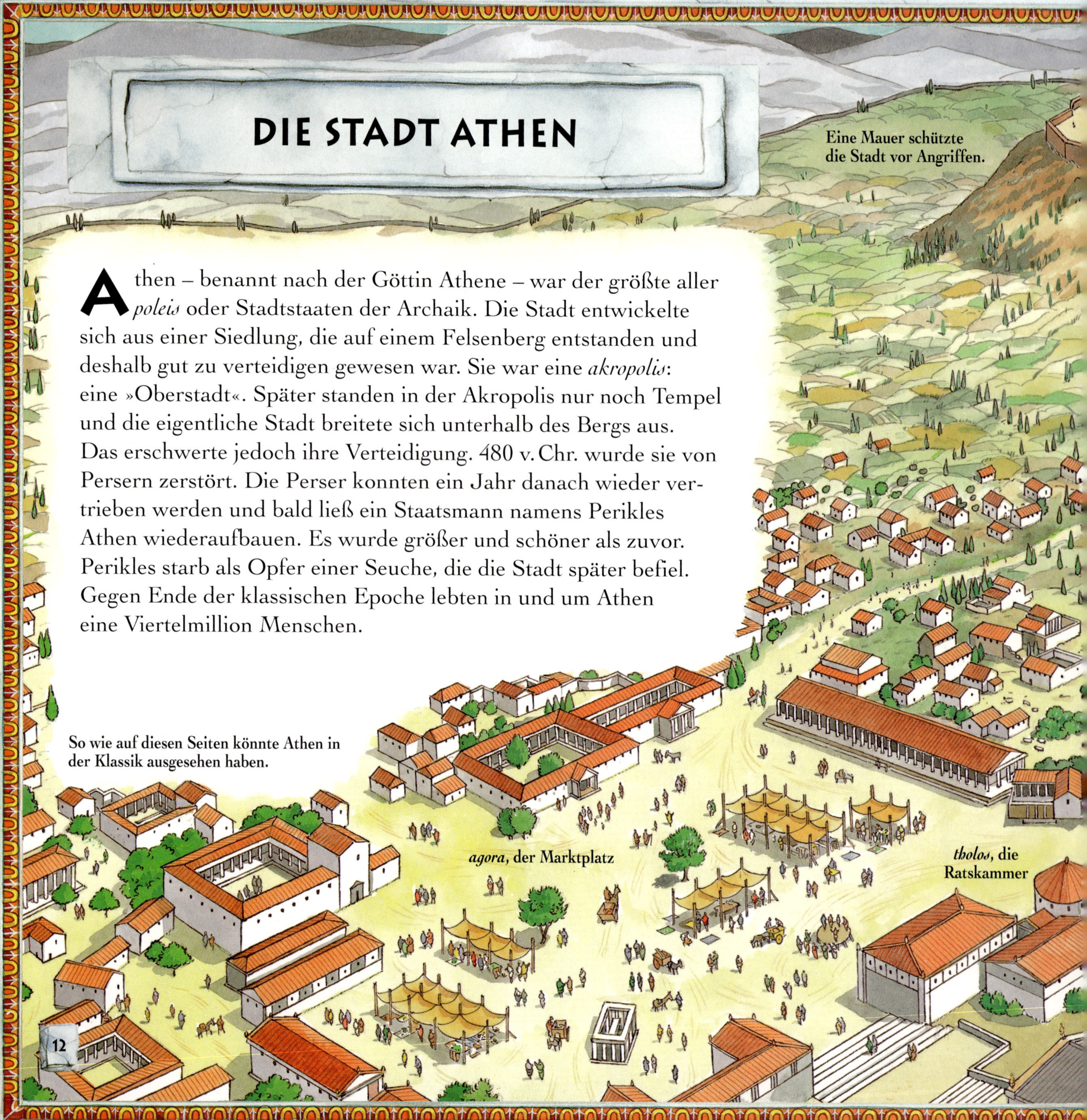

So wie auf diesen Seiten könnte Athen in der Klassik ausgesehen haben.

ANTIKER ALLTAG

Angeblich konnten sich Athene und der Meeresgott Poseidon nicht einigen, wie die Stadt heißen sollte, und ließen die Menschen entscheiden. Poseidon versprach ihnen Reichtum durch Handel und Seefahrt. Athene bot ihnen einen Olivenbaum an. Die Menschen wählten ihr Geschenk, weil Olivenöl so nützlich ist. Sie benannten ihre Stadt nach Athene. Bei dieser Poseidonstatue fehlt der Dreizack.

Eines der berühmtesten Baudenkmäler von Athen ist der Parthenon. Er wurde zu Ehren der Göttin Athene erbaut. Das Foto zeigt die Westseite des Tempels.

GÖTTER UND GÖTTINNEN

Hier werden einige der wichtigsten griechischen Göttinnen und Götter vorgestellt.

Die Verehrung der Gottheiten spielte im Alltag des antiken Griechenlands eine große Rolle. Es hieß, dass die Götter wie übermenschliche Wesen aussahen und handelten; manche sollten in der Lage sein, ihre Gestalt zu verändern. Mythen und Legenden über griechische Götter sind auch heute noch Menschen in aller Welt bekannt. Trotzdem sind uns nicht alle ihre Namen vertraut, denn die Römer übernahmen die griechischen Götter und gaben ihnen neue Namen. Den später zum Gott erklärten griechischen Helden Herakles z.B. kennen viele besser unter seinem lateinischen Namen Herkules.

ANTIKER ALLTAG

Die Griechen glaubten an ein Leben nach dem Tod. Die Seele des Verstorbenen wurde von Hermes in die Unterwelt geleitet. Dort musste sie von Charon, dem Fährmann, über den Fluss Styx gebracht werden. Auf der anderen Seite empfing sie Kerberos (Zerberus), Plutons dreiköpfiger Wachhund. Dann wurde sie gerichtet. Die Seelen grausamer Menschen wurden im Tartarus ewiger Strafe unterworfen. Die meisten Seelen kamen in die Asphodelischen Gefilde. Die Seelen jener, die ein gutes Leben geführt oder an Mysterienkulten teilgenommen hatten (siehe S. 16) wurden in die Elysischen Gefilde eingelassen.

Die Seelen der Mitglieder von Mysterienkulten konnten darum bitten, wiedergeboren zu werden. Wenn sie drei gute Leben gelebt und dreimal zu den Elysischen Gefilden geschickt worden waren, durften sie auf die Insel der Glückseligen, ein Paradies.

TEMPEL, KULTE UND FESTE

Die Tempel waren als Wohnungen für die Besuche der Götter auf Erden gedacht. Dank der fähigen Architekten und Baumeister war jeder Tempel ein vollendetes Kunstwerk. Viele Griechen der Antike traten Mysterienkulten bei – Geheimgesellschaften, die sich der Verehrung einer bestimmten Gottheit weihten. Durch ihre Mitgliedschaft wollten sie ihr Leben bereichern und ihre Aussichten auf ein glückseliges Leben nach dem Tod verbessern. Einer der beliebtesten Kulte war der Kult der Demeter und der Persephone, der an einem Ort namens Eleusis begründet wurde.

An den großen religiösen Festen dagegen konnte jedermann teilnehmen. Man nahm an, dass sich die Götter freuten, wenn möglichst viel Menschen ihnen zu Ehren Feste feierten.

ANTIKER ALLTAG

Die Göttin Demeter hatte eine Tochter namens Persephone. Hades (Pluton) entbrannte in Liebe zu ihr und entführte sie in die Unterwelt. Demeter machte sich auf die Suche nach ihrer Tochter; dabei vernachlässigte sie die Pflanzen und diese starben.

Als Demeter Persephone fand, gestattete Zeus, dass sie die Unterwelt verließ, sofern sie dort nichts gegessen hatte. Doch Hades hatte sie dazu gebracht, sechs Granatapfelkerne zu essen. Trotzdem durfte Persephone zu ihrer Mutter zurückkehren, doch sie musste jedes Jahr sechs Monate bei Hades in der Unterwelt verbringen – einen für jeden Granatapfelkern.

Von nun an war Persephone also sechs Monate lang bei Demeter; dann war die Göttin der Pflanzen glücklich und alles wuchs und gedieh. Während der sechs Monate, die Persephone bei Hades verbrachte, war Demeter traurig und die Pflanzen welkten und starben. So erklärt die Legende den Wechsel der Jahreszeiten.

DIE HEILKUNST

In den griechischen Mythen war Äskulap Sohn des Gottes Apollon, wurde aber von einem Kentauren (halb Mensch, halb Pferd) aufgezogen. Der Kentaur weihte Äskulap in die Geheimnisse der Medizin ein; so wurde er Gott der Heilkunst. Die ersten griechischen »Ärzte« waren die Priester des Äskulap.

Manche Ärzte glaubten nicht an die religiösen Erklärungen für Krankheiten und suchten nach anderen möglichen Ursachen. Ein Mann namens Hippokrates gründete einen neuen Bund. Die Ärzte, die ihm angehörten, verordneten nicht nur Heilmittel, sondern waren sich auch der Wirkung von Diäten, Erholung und körperlicher Ertüchtigung bewusst. Sie operierten auch, allerdings ohne Betäubungs- oder Desinfektionsmittel. Deshalb waren die Eingriffe sehr schmerzhaft und hatten für viele Patienten tödliche Folgen.

Kranke schliefen in Tempeln. Sie hofften, so geheilt zu werden oder im Traum ihr Heilmittel zu sehen.

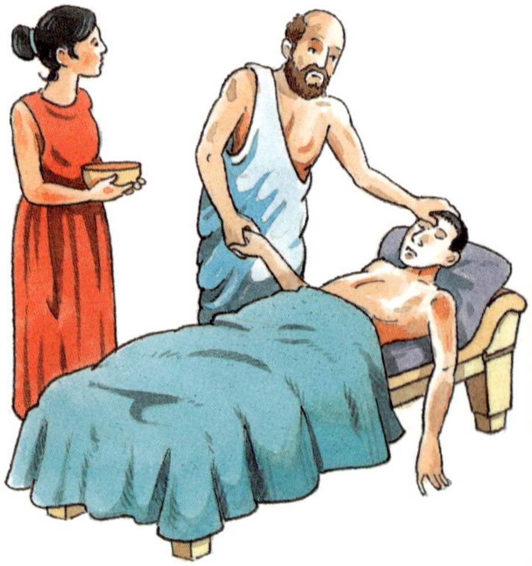

Später untersuchten Ärzte in der Nachfolge des Hippokrates ihre Patienten und forschten nach geeigneten Heilmitteln.

Die alten Griechen hielten Krankheiten für eine Strafe der Götter und suchten Priester auf, wenn sie krank waren.

Die Priester empfahlen Gebete und Opfer, manchmal aber auch Heilmittel.

Die Geheilten dankten und opferten den Göttern.

ANTIKER ALLTAG

Um den Stab des Äskulap ringeln sich auf Darstellungen immer eine oder mehrere Schlangen. Der Äskulapstab ist heute noch in aller Welt das Symbol der Ärzte und Apotheker. Mit dem »Eid des Hippokrates« verpflichten sich Ärzte, stets zum Wohl ihrer Patienten zu handeln.

Diese Steintafel wurde dem Gott Äskulap von einem Menschen dargebracht, der dem Gott für die Heilung seines Beins danken wollte.

HERRSCHAFT DES VOLKES

Gegen Ende der Archaik stürzten einige Stadtstaaten ihre absoluten Herrscher, die Tyrannen. An ihrer Stelle sollte das Volk selbst über das Volk regieren. Diese Regierungsform erhielt die Bezeichnung Demokratie, zusammengesetzt aus *demos*, Volk, und *kratos*, Herrschaft. Tatsächlich herrschten die Bürger. Die Gesellschaft des antiken Griechenland war in Freie und Sklaven unterteilt. In Athen unterschied man bei den Freien zwischen Bürgern und *Metöken*. Bürger besaßen uneingeschränkte Rechte und Pflichten. *Metöken* waren Bürger anderer Staaten. Eine Frau hatte automatisch den gleichen Rang wie ihr Vater oder Ehemann.

Zu Beginn der Archaik hatten in den meisten Stadtstaaten die Land besitzenden Aristokraten geherrscht (*aristoi* bedeutet »beste Leute«). Ungefähr ab 650 v. Chr. kamen die Tyrannen an die Macht. In Athen siegte die Demokratie im Jahre 508 v. Chr.

In den Anfängen der Athener Demokratie wurden die Bürger in kleine Gemeinschaften, *demoi* genannt, eingeteilt.
Die *demoi* wurden dann in größeren Einheiten zusammengefasst, die *trittys*:

10 trittys der Stadt *10 trittys des Lands* *10 trittys der Küste*

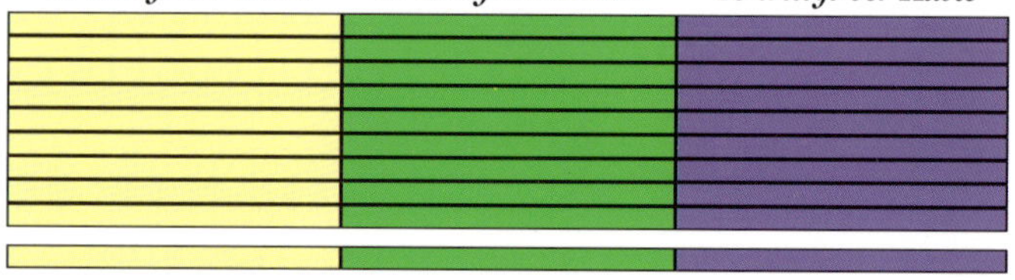

1 phyle

1 Stadt-*trittys*, 1 Land-*trittys* und eine Küsten-*trittys* ergaben 1 *phyle*. Insgesamt gab es 10 *phylai*.

Die Abbildungen sollen zeigen, wie die Athener Demokratie funktionierte.

Der Rat von 500 Athener Bürgern traf sich im *tholos* und den angrenzenden Gebäuden.

Die Volksversammlung trat alle zehn Tage zusammen.

Bei Gerichtsverhandlungen gab es weder Richter noch Anwälte.

ANTIKER ALLTAG

Unbeliebte Politiker konnten ihres Amtes durch Abstimmung enthoben werden. Wer gegen einen bestimmten Mann war, ritzte dessen Namen in eine Scherbe (*ostrakon*) ein. Stand ein Name auf einer großen Anzahl von Scherben, so konnte dessen Träger verbannt werden. Dies war das Scherbengericht; den Begriff verwendet man heute noch im übertragenen Sinne.

Mit diesen Scheiben stimmten die Geschworenen ab. War ein Geschworener der Ansicht, der Angeklagte sei unschuldig, dann gab er eine Scheibe mit einem Stiel ab. Hielt er ihn für schuldig, übergab er eine Scheibe mit einem Loch in der Mitte.

ZU LAND UND ZU WASSER

In der frühen Archaik musste jeder Soldat selbst für seine Waffen sorgen, gleichgültig ob er arm oder reich war. Deshalb waren die einfachen Fußsoldaten schlecht ausgerüstet. Die eigentliche Kampfkraft verdankte eine Armee den berittenen Adeligen. Nur sie waren reich genug, sich Pferde und gute Rüstungen leisten zu können. Dies änderte sich durch die wachsende Bedeutung des Handels mit anderen Ländern. Nun konnten sich auch die mittleren Schichten gute Waffen und Rüstungen kaufen. Die Soldaten dieses neuen Typs nannte man *hoplitai*, Hopliten.

Die Kriegsschiffe hatten sowohl Segel als auch Ruder. Viele einfache Männer saßen an den Rudern. Auf diese Weise brauchten sie keine teuren Rüstungen zu kaufen. Das leistungsfähigste Kriegsschiff war die Triere, bei der die Ruderer beidseitig in drei Etagen übereinander saßen. Diese Schiffe waren sehr groß und sehr schnell.

Eine typische Triere war ungefähr 35 m lang.

Mit dem Rammsporn am Bug wurden feindliche Schiffe versenkt.

Die Armeen Athens wurden von *strategoi* genannten Feldherren befehligt.

Alle Athener machten eine zweijährige Militärzeit durch.

ANTIKER ALLTAG

Das Deuten antiker Abbildungen ist nicht einfach. Diese Vasenmalerei scheint ein Schiff mit Ruderern auf zwei Ebenen darzustellen. Tatsächlich aber stimmt die Perspektive nicht und es handelt sich um zwei Reihen von Ruderern zu beiden Seiten eines Schiffs.

Das Relief zeigt eine Gruppe von Hopliten oder griechischen Fußsoldaten. Man erkennt sie an den hohen Federbüschen ihrer Helme und ihren großen runden Schilden.

SPORT UND SPIELE

Die alten Griechen nahmen Sport sehr ernst, besonders die Leichtathletik. Selbst wenn Stadtstaaten miteinander Krieg führten, schlossen sie für sportliche Wettkämpfe, die Spiele genannt wurden, miteinander einen Waffenstillstand. Spiele wurden zu Ehren verschiedener Götter abgehalten. Die Isthmischen Spiele z. B. fanden zu Ehren Poseidons statt, die Pythischen Spiele zu Ehren Apollons.

Die berühmtesten aber waren die Olympischen Spiele, die zu Ehren des Zeus zum ersten Mal 776 v.Chr. in Olympia abgehalten wurden. Olympia liegt nicht in der Nähe des Bergs Olymp, dem Wohnsitz der Götter, sondern im Süden Griechenlands. Die Olympischen Spiele fanden alle vier Jahre bis zum Jahr 394 n. Chr. statt. Der christliche römische Kaiser Theodosius verbot sie, weil es ihm nicht richtig erschien, dass heidnische Götter weiterhin geehrt wurden.

Bis zu 4000 Menschen konnten den Läufern zusehen.

Ringkampf

Ein beliebter olympischer Wettkampf waren die Wagenrennen.

Die Wagen wurden von zwei oder vier Pferden gezogen.

Bei den Wagenrennen kam es wegen der hohen Geschwindigkeiten häufig zu tödlichen Unfällen.

Die Läufer trugen beim Rennen Helme und Schilde.

Beim Weitsprung verlängerten die Athleten den Sprung mithilfe von Gewichten.

Die Sieger erhielten vergoldete Kränze oder solche aus Olivenzweigen oder Leder.

ANTIKER ALLTAG

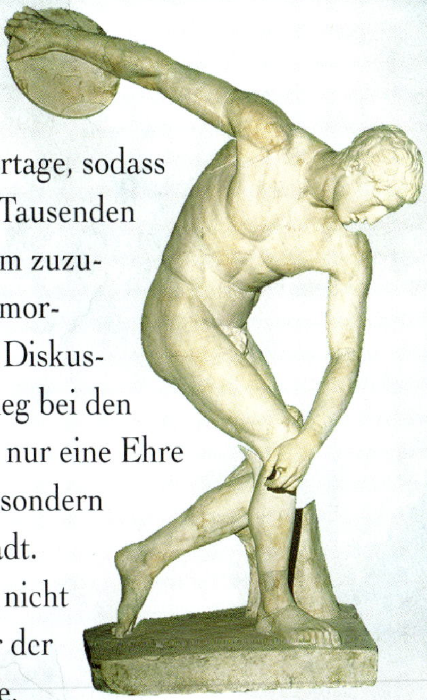

Die Tage der Olympischen Spiele waren Feiertage, sodass die Menschen zu Tausenden herbeiströmten, um zuzusehen. Diese Marmorstatue stellt einen Diskuswerfer dar. Ein Sieg bei den Spielen war nicht nur eine Ehre für den Athleten, sondern auch für seine Stadt. Die Preise waren nicht sehr wertvoll; nur der Sieg an sich zählte.

Frauen durften bei Spielen nicht teilnehmen; einzige Ausnahme waren die *heraia*. Diese Spiele fanden zu Ehren der Hera statt, die hier mit ihrem Gatten Zeus abgebildet ist. Bei den *heraia* gab es Läufe, an denen ausschließlich Frauen teilnahmen.

DAS THEATER

Unser heutiges Theater hat seinen Ursprung im alten Griechenland. Die ersten Theateraufführungen fanden auf dem Land und im Rahmen religiöser Feste zu Ehren von Dionysos statt. Daraus entwickelte sich das Athener Dionysosfest mit seinen Liedern und Tänzen auf der *agora*, dem Marktplatz. Dann wurde am Südhang unter der *akropolis* die erste Anlage gebaut, die ausschließlich für Aufführungen bestimmt war. Bald breiteten sich die Theater über die gesamte griechische Welt aus.

In den ersten Stücken, die von einem singenden und tanzenden Chor aufgeführt wurden, ging es um die Götter. Später nahmen ein oder zwei Schauspieler teil. Schließlich schrieb der Dichter Sophokles Stücke, bei denen mehrere Schauspieler mitwirkten – so wie in unseren Stücken heute.

ANTIKER ALLTAG

In manchen antiken griechischen Theatern finden heute noch Aufführungen statt, u. a. in Epidaurus (Foto oben).

Diese Statue stellt einen griechischen Komödianten dar, der eine lächelnde Maske trägt. Die griechischen Theater waren sehr groß und ohne die Masken hätten die weiter oben sitzenden Zuschauer die Charaktere nicht voneinander unterscheiden können.

STATUEN, MUSIK UND DICHTUNG

Die Griechen liebten Statuen und stellten sie in Tempeln und Privathäusern und an öffentlichen Orten auf. Auch Musik war überall zu hören, nicht nur bei Festen, sondern auch bei der Ausbildung von Soldaten und Seeleuten. Die Dichtung war ähnlich beliebt. Sie galt als Geschenk des Gottes Apollon und wurde meist von Rhapsoden (fahrenden Sängern) vorgetragen.

In der frühen Archaik waren die Skulpturen vom ägyptischen Stil beeinflusst und wirkten steif und formell. Mit der Zeit wurden sie realistischer. In der Klassik waren Statuen mächtiger Götter und Göttinnen modern. Im Hellenismus wirkten die Darstellungen lebensechter und abwechslungsreicher. Außer Marmor wurden Skulpturen auch mithilfe von Gussformen aus Bronze gefertigt. Leider sind nur wenige griechische Statuen erhalten, aber die Römer fertigten viele Kopien an, von denen einige originalgetreu sind. Auch von den Musikinstrumenten sind nur wenige übrig geblieben, da viele aus Holz waren und vermodert sind.

Bei Festen unterhielten die Hetären (käufliche Geliebte) die männlichen Gäste mit Musik.

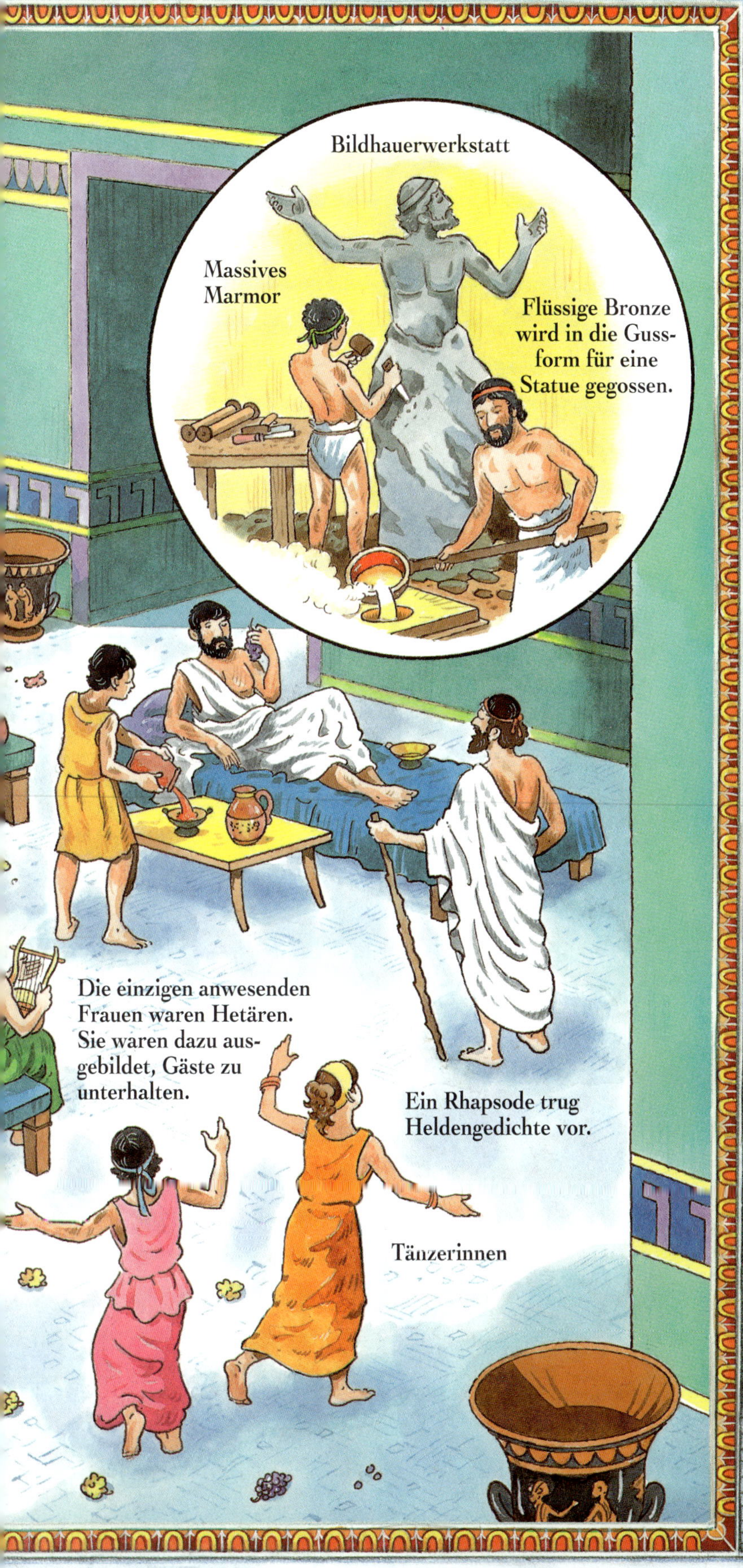

ANTIKER ALLTAG

Die Bronzestatue, zu der dieser Kopf gehört, entstand im Hellenismus. Dargestellt ist Aphrodite, die Göttin der Liebe und der Schönheit. Ihre Frisur entspricht der Mode der Zeit. Statuen aus der hellenistischen Epoche waren realistisch und wirkten sehr lebensnah.

Diese Vasenmalerei auf einem Weinkrug stammt aus der Zeit um 440 v. Chr. Abgebildet ist eine Gruppe von Musikern: der Mann hält eine Leier, die sitzende Frau eine Harfe (ihre *kithara*, ein Saiteninstrument, schwebt über ihr); die Frau links schickt sich an, ihre *aulos* zu spielen, ein Blasinstrument mit zwei Röhren.

LANDWIRTSCHAFT UND NAHRUNGSMITTEL

Es war nie einfach, den trockenen, sonnenverbrannten Boden des bergigen Griechenland zu bebauen. Deshalb hatten die Bauern meist nur wenig Land, gerade genug, um die Familie zu ernähren, die auf dem Land arbeitete. Die meisten Menschen waren Bauern. Sogar die Städter besaßen draußen auf dem Land Felder. Auf mageren Böden wuchsen Olivenbäume, auf den Hängen Reben, in der Nähe des Hauses Gemüse, und Weizen oder Gerste auf den Feldern mit den besten Böden. Aus den Oliven wurde das Öl ausgepresst, das als Salatöl, Bratfett, Lampen- und Körperöl verwendet wurde. Aus dem Großteil der Trauben machte man Wein. Aus Weizen und Gerste stellte man Brot her, ein wichtiges Grundnahrungsmittel für Arme ebenso wie für Reiche. Die meisten Menschen lebten von Brot, Brei, Früchten und Gemüse. Die Gewässer rund um Griechenland waren sehr fischreich.

ANTIKER ALLTAG

Viele althergebrachte Anbaumethoden werden in Griechenland auch heute noch angewandt. Die Terrassen dieser Olivenplantage auf Lesbos sind zwar steil, ermöglichen aber eine optimale Flächennutzung.

Die auf diesen Vorratskrug gemalte Szene, um 520 v. Chr., stellt eine Olivenernte dar. Die Oliven wurden mit Stangen von den Bäumen geschlagen, wie es heute noch üblich ist.

EINKAUF UND HANDEL

In erster Linie trieben die unabhängigen Staaten miteinander Handel sowie mit den griechischen Kolonien, die sie später als Sprungbrett für das Hinterland nutzten. Der Handel lag in der Hand privater Kaufleute, die auf ihre Waren Zölle zu zahlen hatten. Griechenlands wichtigste Exportartikel waren Olivenöl, Wein, Statuen, Metallgegenstände und Stoff. Sehr viele unterschiedliche Waren wurden eingeführt, von Seide bis hin zu Elfenbein.

Im Zentrum jeder griechischen Stadt lag der Marktplatz, die *agora*. An ihren Seiten befanden sich in den Kolonnaden Läden; in der Mitte standen Marktstände (und manchmal auch ein Sklavenmarkt). Bezahlt wurde mit Münzen; jeder Stadtstaat hatte seine eigene Währung.

Die *agora* einer Stadt könnte so ausgesehen haben wie auf dieser Abbildung.

ANTIKER ALLTAG

Die ersten europäischen Münzen entstanden in Lydien (in der heutigen Türkei). Um 650 v. Chr. wurden Münzen in Griechenland eingeführt. Jede größere Stadt prägte ihr eigenes Geld. Diese Münze aus dem 4. Jh. v. Chr. zeigt den Kopf der Schutzgöttin Athene.

Da die alten Griechen natürlich keine Kühltruhen und -schränke hatten, mussten sie Lebensmittel jeden Tag frisch kaufen. Diese Vasenmalerei stellt einen Fischverkäufer dar, der für einen Kunden mit einem riesigen Messer ein Stück Fisch abschneidet.

KLEIDUNG UND MODE

In Griechenland war es auch damals schon sehr heiß. Die meisten Menschen trugen einfache Kleidung: Tuniken und Umhänge. Zunächst waren diese aus Wolle, durch die Ausweitung des Handels aber gelangten auch Baumwolle und Seide nach Griechenland. Nicht jeder trug Schuhe, dafür aber Hüte.

Arme Männer und Sklaven besaßen nur Lendenschurze, reiche Männer trugen farbige lange Tuniken. Frauen legten einen *himation* als Schal oder Umhang über den *chiton*, ein einfaches Kleid. Im Laufe der Zeit ging man zu enger anliegender Kleidung über.

Auch Frisuren machten einen Wandel durch. In der Archaik hatten die Männer lange, dichte Bärte; in der Klassik scherten sie sie kurz, und im Hellenismus gingen sie überwiegend bartlos. Gleichzeitig veränderten sich die Frauenfrisuren; vom langen, glatt herabhängenden Haar ging man zu Locken und aufgestecktem Haar über.

Archaik

Bunte Farben, viele Muster

Klassik

Schlichter Schnitt, einfarbig, weniger Muster

Hellenismus

Aufwendiger verziert, auch mit Gold

ANTIKER ALLTAG

Die Frau auf dem Relief legt zusammengefaltete Kleidungsstücke in eine Truhe. An der Wand hängt zwischen verschiedenen Haushaltsgegenständen ein schlichter Handspiegel.

Dieser Spiegel ist nicht aus Glas. Die Griechinnen der Antike überprüften ihr Aussehen in auf Hochglanz polierter Bronze. In den 2000 Jahren, die vergangen sind, seit er in Gebrauch war, ist dieser kunstvoll verzierte Spiegel angelaufen und schwarz geworden.

KINDERLEBEN

Im alten Griechenland wünschten sich die meisten Eltern Söhne. Es kam vor, dass neugeborene Mädchen ausgesetzt wurden. Zehn Tage nach der Geburt erhielt der Säugling bei einer *amphidromia* genannten Zeremonie vor dem Herd des Hauses seinen Namen. Reiche Familien hatten Sklavinnen als Kindermädchen. Im Alter von drei Jahren nahmen Knaben am alljährlich stattfindenden Dionysosfest Anthesteria teil und erhielten besondere Geschenke.

Nur die Wohlhabenden konnten sich leisten, ihre Söhne in die Schule zu schicken. Mädchen blieben immer zu Hause. Jungen hatten oft einen *paidagogos* genannten Sklaven, der sie in die Schule brachte und aufpasste, dass sie gut arbeiteten. In Sparta waren die Schulen am strengsten. Die Schüler mussten sich ihre Nahrung von den Feldern und Gärten stehlen; man glaubte, dies würde sie zu genügsamen Soldaten machen.

ANTIKER ALLTAG

Dieses getöpferte Schweinchen ist eine Rassel und kostete nicht viel. Auch Eltern aus einfachen Verhältnissen konnten solches Spielzeug kaufen.

Ein *chous* oder Trinkgefäß. Es wurde mit verdünntem Wein gefüllt und den drei- oder vierjährigen Jungen beim Dionysosfest gegeben. Es ist mit einer Abbildung zweier spielender Kinder verziert.

DIE SUCHE NACH TROJA

Die früheste bekannte Darstellung des Trojanischen Pferds fand man auf einer um 670 v. Chr. gefertigten Vase. Wenn es dieses Pferd wirklich gegeben hat, dann hatte es bestimmt keine Fenster!

Heinrich Schliemann, einer der berühmtesten Archäologen aller Zeiten.

Sagen sind Geschichten, die rund um historische Ereignisse, Orte oder Persönlichkeiten entstanden und sich mit der Zeit veränderten. Die Sage von Troja erzählt, wie ein Mann namens Paris die schöne Helena von Griechenland entführte und sie in die befestigte Stadt Troja brachte, die daraufhin von einem Heer empörter griechischer Helden belagert wurde. Eines Tages erwachten die Bewohner von Troja und stellten fest, dass die Belagerer fort waren. Vor dem Stadttor aber stand ein riesiges Pferd aus Holz. Sie holten das Pferd in die Stadt. In der Nacht kletterte eine Gruppe griechischer Soldaten, die sich im Pferd versteckt hatten, heraus und öffnete die Stadttore. Die heimlich zurückgekehrte griechische Armee drang in Troja ein und brannte es nieder.

DIE ABENTEUER VON HEINRICH SCHLIEMANN

Heinrich Schliemann wurde 1822 in Mecklenburg geboren. Als Achtjähriger liebte er die Sage von Troja und dem hölzernen Pferd über alles. Er schwor, dass er die Überreste der Stadt eines Tages finden und ausgraben würde. Eines Tages konnte er sich seinen Traum erfüllen. Aus Beschreibungen in Homers Gedichten schloss er, dass Troja nicht in Bunarbashi gesucht werden müsste, wie die anderen Gelehrten dachten, sondern in Hissarlik (moderne Türkei). 1871 nahm er dort Ausgrabungen vor und fand tatsächlich eine Stadt, die offensichtlich einmal niedergebrannt und mehrmals wiederaufgebaut worden war. Er hatte Troja gefunden! Außerdem fand er auch bedeutende Kostbarkeiten, u. a. einen Gold- und Silberschatz, den er nach dem sagenhaften König Priamos von Troja den »Schatz des Priamos« nannte.

DIE WAHRHEIT?

Schliemann führte sein Leben lang Tagebuch und schrieb Tausende von Briefen. Trotzdem gibt es keinerlei Beweise dafür, dass er sich tatsächlich für Troja interessiert hatte, bevor er nach Hissarlik kam. Dort traf er einen Mann namens Frank Calvert, dem an der archäologischen Fundstelle einige Grundstücke gehörten. Es war Calvert, der ihn davon überzeugte, dass dies die Überreste von Troja seien, und der vermutlich erst Schliemanns Interesse an der Sache weckte. Was den Schatz des Priamos betrifft, so behauptete Schliemann, ihn zusammen mit seiner griechischen Gattin Sophia gefunden zu haben. In Wirklichkeit aber war sie an dem Tag, an dem Schliemann den Gold- und Silberschatz gehoben haben will, gar nicht in Hissarlik gewesen. Einige von Schliemanns Kritikern glauben, er hätte mehrere nicht erfasste Kostbarkeiten, die an der Stätte gefunden wurden, zu einem Schatz versammelt, da ein großer Fund mehr Aufmerksamkeit erregen würde als mehrere kleine. Andere behaupten, er hätte die Stücke von anderen Fundstellen zusammengekauft. Manche nehmen sogar an, die Stücke seien moderne Fälschungen. Was auch immer tatsächlich geschehen sein mag: Schliemann wurde von Kollegen in aller Welt bewundert und in weiten Kreisen bekannt.

Sophia Schliemann mit Schmuckstücken aus dem Schatz des Priamos.

DIE SAGE VOM VERLORENEN SCHATZ

Schliemann starb 1890; die Funde von Hissarlik – darunter auch den Schatz des Priamos – hinterließ er einem Berliner Museum. Im Zweiten Weltkrieg erlitt die Stadt mehrere Bombenangriffe und das Gerücht entstand, der Schatz sei in der Hitze geschmolzen und die Treppe des Museums hinuntergeflossen. In Wirklichkeit war er nur in einem Gebäude des Berliner Zoos versteckt worden. Nachdem sich Berlin den Russen ergeben hatte, wurde der Schatz nach Moskau gebracht; hier befindet er sich noch heute. Er wird im Puschkin-Museum ausgestellt. Sowohl die deutsche als auch die türkische Regierung fordern ihn als ihr rechtsmäßiges Eigentum zurück.

Schlichte Schönheit: ein goldenes Gefäß aus dem Schatz des Priamos, das auf 2300 v. Chr. datiert wurde.

IST ES TATSÄCHLICH TROJA?

Hatte Schliemann wirklich Troja gefunden? Wir wissen es nicht. Zweifellos entdeckte er eine wichtige archäologische Stätte: eine antike Stadt mit mindestens acht verschiedenen Schichten. Das bedeutet, dass immer wieder eine neue Stadt über einer zerstörten alten erbaut wurde. Die Schicht, die Schliemann für Homers Troja gehalten hatte, stammte, wie später bewiesen wurde, aus einer anderen Epoche. Was immer man an Schliemann auch kritisieren mag – unbestreitbar machte er einem breiten Publikum bewusst, dass die Archäologie und die Beschäftigung mit der Geschichte ein faszinierendes Abenteuer sein kann.

ANTIKER ALLTAG

Die Stützen an der Südseite des Erechtheions auf der Akropolis sind keine normalen Säulen. Sie haben die Gestalt von Frauen und werden Karyatiden genannt. Allerdings sind am Gebäude heute nicht mehr die Originalstatuen zu sehen, sondern Kopien. Die echten kann man im Akropolismuseum in Athen und im British Museum in London besichtigen.

Diese römische Statue ist eine Kopie einer antiken griechischen Statue der hellenistischen Epoche.

DIE VERGANGENHEIT ENTDECKEN

Archäologen beschäftigen sich mit der Vergangenheit, indem sie die Dinge genauer untersuchen, die uns frühere Kulturen hinterlassen haben. Häufig müssen sie diese Dinge erst einmal ausgraben. Anhand von Gebrauchsgegenständen, Kunstwerken und Gebäuden finden sie heraus, wie die Menschen früher gelebt haben. Der Einfluss des antiken Griechenland, seine Kunst und Wissenschaften verbreiteten sich durch das Römische Reich, das Griechenland eroberte, über Europa und die ganze Welt.

MIT RÖMISCHER HILFE

Nachdem die Römer Griechenland erobert hatten, kopierten sie zahlreiche Werke griechischer Architektur und griechischer Kunst und entwickelten philosophische und naturwissenschaftliche Ideen weiter. Die römischen Kopien halfen später den Archäologen, die griechische Kunst und die Techniken der Künstler besser zu verstehen.

GESCHICHTEN AUF VASEN

Eine der nützlichsten Quellen von Informationen sind die Töpferwaren. Zahlreiche schöne Exemplare sind bis auf den heutigen Tag erhalten geblieben. Die Vasenmalereien erzählen uns viel über die Menschen, die vor Tausenden von Jahren im Mittelmeerraum lebten. Man unterscheidet hierbei zwei Stile: Bilder mit schwarzen Figuren auf rotem Hintergrund bezeichnet man als attisch-schwarz, solche mit roten Figuren auf schwarzem Hintergrund als attisch-rot.

DIE SAGE VOM STIER

Eine der berühmtesten griechischen Sagen ist die vom Ungeheuer Minotaurus, das halb Stier, halb Mann war. Er war in einen Irrgarten eingesperrt, dem Labyrinth, aus dem auch die Menschen, die ihm geopfert wurden, nicht entrinnen konnten. Das Labyrinth sollte unterhalb des Palastes seines Vaters König Minos liegen.

Der britische Archäologe Sir Arthur Evans entdeckte im Jahre 1900 in Knossos auf Kreta die Überreste eines Palasts. Die Ruine war ein Labyrinth von Gängen und an mehreren Stellen fand man Stierdarstellungen. Niemand weiß, ob die Sage vom Minotaurus hier geboren wurde oder ob der Palast und die Verehrung des Stiers erst durch die Sage vom Minotaurus entstanden. Ebenso wenig wissen wir, wie sich die Menschen nannten, die einst hier lebten. Sir Arthur Evans gab ihrer Kultur den Namen »minoische Kultur«.

GESTOHLEN ODER GERETTET?

In der Vergangenheit wurden etliche bedeutende Kunstwerke aus Griechenland fortgebracht; die berühmtesten waren die »Elgin-Marbles«. Die nach Lord Elgin benannten Kunstwerke aus Marmor sind Giebelfiguren und Bruchteile des Parthenon-Frieses und Teile anderer antiker Baudenkmäler. Lord Elgin kaufte sie den Türken, die Athen besetzt hatten, ab und brachte sie zu Beginn des 19. Jh. nach England. Er glaubte, sie seien in England besser aufgehoben als in Griechenland, und darüber wird immer noch gestritten. Heute befinden sie sich im British Museum in London. Die griechische Regierung fordert sie zurück.

ANTIKER ALLTAG

Dieser Stierkopf-Rhyton, ein bei religiösen Feiern verwendetes Trinkhorn, wurde von einem minoischen Handwerker von Kreta geschaffen. Der minoische Palast von Knossos war mit stilisierten Stierhörnern verziert und auch auf zahlreichen Wandgemälden waren Stiere abgebildet. Deshalb glauben manche, dass hier der Palast von König Minos stand, dessen Sohn der Minotaurus war.

Ein Teil der »Elgin-Marbles«, das ursprünglich vom Parthenon stammte. Möglicherweise sollten die Reliefs an die Schlacht von Marathon erinnern, in der die Athener über eine Übermacht von Persern siegten.

ZEITSÄULE

Die Griechen errichteten ihren Göttern viele Tempel.

Vasenmalereien stellen häufig Szenen aus dem Alltag der alten Griechen dar.

Erfolgreiche Athleten wurden geehrt und hoch geschätzt.

Die griechischen Fußsoldaten wurden Hopliten genannt.

UM 500 V. CHR.
BEGINN DER KLASSIK
GOLDENES ZEITALTER DES ANTIKEN GRIECHENLAND

431–404 V. CHR.
PELOPONNESISCHER KRIEG
ZWISCHEN SPARTA UND ATHEN

UM 336 V. CHR.
ENDE DER KLASSIK
BEGINN DES HELLENISMUS
ALEXANDER DER GROSSE WIRD
KÖNIG VON MAZEDONIEN

323 V. CHR.
ALEXANDER STIRBT IN BABYLON
SEIN REICH WIRD AUFGETEILT

146 V. CHR.
MAKEDONIEN UND GRIECHENLAND
WERDEN RÖMISCHE PROVINZEN

30 V. CHR.
ÄGYPTEN, DAS LETZTE
HELLENISTISCHE REICH, WIRD
TEIL DES RÖMISCHEN REICHS
ENDE DES HELLENISMUS

Aphrodite, die Göttin der Liebe und der Schönheit

Die Ursprünge des europäischen Theaters liegen im antiken Griechenland.

GLOSSAR

agora – Marktplatz im Zentrum einer griechischen Stadt, meist von öffentlichen Gebäuden und Geschäften umgeben.

akropolis – Altgriechische Oberstadt, noch heute wird der Tempelberg von Athen so bezeichnet.

Aristokrat – Mitglied einer wohlhabenden Familie von Landbesitzern (vom griechischen *aristoi,* »beste Leute«.)

Bürger – Freie Männer, die sich an der Regierung eines Stadtstaats beteiligen durften.

chiton – Einteiliges Frauenkleid, an der Schulter befestigt.

Demokratie – Volksherrschaft, vom griechischen *demos,* »Volk«, und *kratos,* »Herrschaft«.

himation – Schal oder Umhang, der über dem *chiton* getragen wurde.

Hopliten *(hoplitai)* – Schwer bewaffnete Fußsoldaten, die im Heer eines griechischen Stadtstaats kämpften.

Karyatide – Säule in Gestalt einer Frau oder Göttin.

Mysterienkult – Religiöse Geheimgesellschaft, deren Mitglieder besondere Aufnahmerituale durchmachen mussten.

Olympische Spiele – Sportliche Wettkämpfe, die zu Ehren des Zeus zum ersten Mal 776 v. Chr. abgehalten wurden.

paidagogos – Sklave, der einen Jungen zur Schule begleitete und dort darauf achtete, dass er gut lernte.

Parthenon – Berühmtester Tempel der Akropolis von Athen.

Phalanx – Achtreihige Schlachtaufstellung von Hopliten.

polis (Plural *poleis*) – Griechischer Stadtstaat, bestehend aus einer Stadt und ländlicher Umgebung.

Propyläen – Der Eingang zur Akropolis.

Rat der Fünfhundert – Rat aus 500 Athener Bürgern, die von Bürgern vorgeschlagene Gesetze diskutierten und formulierten, um sie der Volksversammlung vorzulegen.

Relief – Skulptur, bei der die Figuren nur teilweise aus dem flachen Hintergrund heraustreten.

Rhapsode – Professioneller Vortragender von Gedichten bei Festen und Gastmählern.

Sklaven – Rechtlose, unbezahlte Diener, die Eigentum anderer waren.

strategos – Einer von zehn Befehlshabern des Athener Heers, der jedes Jahr neu gewählt wurde. *strategoi* setzten vom Rat und der Volksversammlung beschlossene Entscheidungen durch.

Tyrann – Nicht gewählter Herrscher, der wie ein Diktator absolute Gewalt hat. (Heute bezeichnet man mit dem Begriff mächtige, grausame Herrscher in aller Welt.)

Volksversammlung – Regelmäßiges Treffen Athener Bürger, bei dem über die Vorschläge des Rats der Fünfhundert beraten und beschlossen wurde.

REGISTER